COMITÉS CATHOLIQUES
du Nord et du Pas-de-Calais

RAPPORT

SUR LES

CONCOURS DE POÉSIE ET DE MUSIQUE

présenté

le 22 Novembre 1877

en la fête de S¹ᵉ-Cécile, vierge et martyre

AU CONGRÈS DES COMITÉS CATHOLIQUES DU NORD ET DU PAS-DE-CALAIS

par

M. Gustave CHAMPEAUX

LILLE
IMPRIMERIE DE LEFEBVRE-DUCROCQ
Rue Esquermoise, 57.

MDCCCLXXVIII

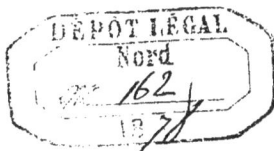

Célébration du 50me anniversaire

DE LA

CONSÉCRATION ÉPISCOPALE DE PIE IX

RAPPORT

SUR LES

CONCOURS DE POÉSIE ET DE MUSIQUE

présenté

le 22 Novembre 1877

en la fête de Ste-Cécile, vierge et martyre

AU CONGRÈS DES COMITÉS CATHOLIQUES DU NORD ET DU PAS-DE-CALAIS

par

M. Gustave CHAMPEAUX

LILLE

IMPRIMERIE DE LEFEBVRE-DUCROCQ
Rue Esquermoise, 57.

MDCCCLXXVIII

RAPPORT

SUR LES

CONCOURS DE POÉSIE & DE MUSIQUE

———\wwww\———

MESSIEURS,

En 1874, le Comité catholique ouvrit des concours de poésie et de musique, pour rendre hommage à N.-D. de la Treille, patronne de Lille, dont la statue miraculeuse était couronnée par le Souverain-Pontife. Trois années se sont écoulées, depuis l'heureux événement qui mit cette nouvelle auréole au front de notre Mère, et l'Eglise de Dieu vient de marquer, par des transports de reconnaissance et d'universelles actions de grâces, le cinquantième et providentiel retour de la date à jamais bénie où Pie IX reçut la consécration épiscopale. Si les lettres et les arts furent appelés à embellir, aux pieds de Marie, le tribut de notre piété filiale, n'avions-nous pas un semblable devoir à remplir envers celui dont la munificence nous valait naguère ces fiertés et ces joies? Et ne pouvions-nous pas penser qu'il plairait à la Reine des cieux d'entendre, en l'honneur de son grand Pape, un écho des chrétiennes harmonies qui avaient célébré ses propres gloires? Il n'en devait résulter pour elle qu'un accroissement de louanges. Pour les catholiques de la cité de la Vierge, fidèles enfants aussi du bien-aimé Pie IX, il était doux d'exprimer dans le même langage leur dévouement à Celle dont la maternelle puissance les protège depuis tant de siècles et leur inviolable attachement au saint Pontife qui a couronné l'image de leur patronne dans sa basilique réédifiée.

C'est ainsi qu'ils ont fait, Messieurs ; et les pays chrétiens, la Belgique, l'Italie, l'Espagne, toutes les provinces de la France ont répondu à leur appel. *162 poésies et 39 cantates* ont été envoyées au secrétariat de la commission des Concours. Beaucoup de ces œuvres ne révèlent aucun talent artistique ou littéraire ; mais toutes, les plus faibles et les meilleures, ont je ne sais quel charme que le sujet suffisait presque à donner. On y trouve des accents de tendresse et des protestations indignées, d'ardentes supplications mêlées à des élans d'espérance. Si l'art manque souvent, le cœur parle toujours, et nous pouvons dire à ceux dont les succès seront proclamés tout-à-l'heure, comme à ceux dont les noms resteront ignorés, qu'ils ont fait un acte pieux, une œuvre consolante, et que ce cri de leur âme, au milieu de nos douleurs d'aujourd'hui, est une prière qui ne saurait rester sans effet.

Pour la **POÉSIE**, le programme du concours demandait une *poésie lyrique*, ou un *poème* ayant au moins deux cents vers, ou un *chant populaire*.

Disons de suite que, dans ce dernier genre, il ne s'est rien produit qui méritât d'être récompensé, et nous devons avouer que cela ne nous étonne guère. Un chant populaire, ou plutôt un chant qui puisse devenir populaire n'est point facile à composer. Il faut un style à la fois simple et imagé, un rythme sonore et vif, quelque chose de l'ode, qui est le chant des temps héroïques, mais avec une allure différente. Et c'est encore moins facile, quand il ne s'agit pas seulement de s'adresser aux passions humaines, mais de célébrer, dans une langue que l'on ne veut pas abaisser, de grandes actions ou de grandes vertus. On trouve dans notre littérature quelques-uns de ces chants qui ont contribué à rendre légendaire la grande épopée des premières années du siècle; de nos jours, dans ce réveil de saine et forte poésie auquel de jeunes et trop rares talents nous font assister, il y a des refrains militaires dont les vers sonnent comme des coups de clairon et qui se gravent facilement dans les mémoires. Tout cela répond à des sentiments nobles, sans doute, mais qu'une parole ardente stimule et propage sans trop de peine. Tandis que, pour les choses religieuses ou pour ceux qui en sont, sur la terre, les sublimes représentants, la pensée cède moins à de fiévreux entraînements qu'elle ne se recueille dans le respect, et la manifestation des saintes joies garde encore je ne sais quelle majesté, dont les chants de l'Eglise sont l'expression la plus réelle et la plus aimée. Il est vrai qu'en des temps plus heureux, quand le peuple romain voyait passer Pie IX, quand les foules se pressaient, émues, autour de leur bienfaiteur et de leur père, l'*evviva*, qui sortait de toutes les poitrines, se modulait, comme un chant, sur des lèvres naturellement harmonieuses; des mots sans art, mais qui sont presque une musique, dans cette langue privilégiée, formèrent bientôt une hymne que les enfants savaient comme les vieillards. Et les places publiques en retentirent chaque jour, jusqu'au jour douloureux où, leur père et leur roi ne pouvant plus sortir, les Romains pleurèrent au lieu de chanter. Voilà le chant populaire, spontané, plus musical que littéraire, que le peuple commence et que l'artiste achève. Un concours ne peut guère le produire; et nous aurions mieux fait de laisser à notre programme, comme en 1874, le sonnet, dans lequel un vrai poëte, comme il nous en est venu pour les autres parties du concours, aurait peut-être mis en relief, par quelques vers à la fois puissants et délicatement ciselés, l'auguste image de notre bien-aimé Pontife.

Quoi qu'il en soit, *dix-sept pièces* seulement ont été présentées ; elles sont pieuses , quelquefois sagement écrites, mais sans mouvement et sans couleur. Aucune mention ne peut en être faite.

Pour la **Poésie lyrique,** *82 concurrents* se sont présentés et *4* récompenses ont été accordées. D'autres pièces ont quelques idées originales, des vers heureux, deux ou trois strophes bien construites ; mais, à côté de ces rares beautés, des faiblesses de conception et de style, des pensées banales et des formes prosaïques les empêchent d'entrer sérieusement en ligne pour disputer les prix. Presque toutes sont correctes au point de vue de la versification. Il en est une dont l'auteur, doué d'une imagination brillante et d'un véritable sens poétique, semble professer le plus profond dédain pour une règle élémentaire de la prosodie. Cependant , écoutez ces strophes :

Non ! il n'est pas permis à nos voix attendries
De couvrir les clameurs des cohortes impies
    Et de laisser jaillir du cœur
Ces mots de pitié sainte et d'ardente espérance
Qui verseraient pourtant sur sa noble souffrance
    Comme un baume consolateur !

Non, il n'est pas permis de détourner la tête
Et d'envoyer là-bas, où gronde la tempête,
    Un cri de filial amour ;
Au Pasteur bien-aimé de répéter : « Courage !
» Laissez-les déchaîner leur impuissante rage !
    » Oh ! le Seigneur aura son jour ! »

Non, il n'est pas permis, quand la haine s'exhale
En menaces de mort, en insulte brutale, .

De lever les yeux vers le Ciel !
.Un cantique aujourd'hui, c'est un clairon de guerre,
Et nous cherchons en vain, pour notre humble prière,
Une libre place au soleil ?

Non, il n'est pas permis, quand ce vieillard sublime,
Toujours fier et sans peur sur le bord de l'abîme,
Gravit, debout, son Golgotha,
De baiser, frémissant, la main sainte et vaillante
Qui lève l'étendard, dans la sombre tourmente,
Si haut que nul ne l'effleura !

Non, il n'est pas permis de l'aimer, de le plaindre :
« Eh ! que lui faut-il donc? Eh ! qu'a-t-il donc à craindre?
» N'est-il pas libre en son palais?
» Qui veut lui contester sa réelle puissance?
» A quoi bon s'entêter dans sa fière arrogance?
» Qu'espèrerait-il désormais? »

Rien ! rien de vous du moins, aveugles sacriléges,
Qu'on retrouve partout, dans les hideux cortéges,
Sur tous les sinistres chemins !
Rien de vous qui gardez, vils complaisants du crime,
Laissant à Dieu le soin du juste qu'on opprime ,
Votre pitié aux assassins !

Vous avez entendu cet hiatus. Il y en a 45 dans une
prière de 75 strophes, dont vous avez pu apprécier,
par la courte citation que nous avons faite, le rhythme
aisé et l'élégante énergie. Est-ce dédain d'une règle
que nos vieux poëtes ne connaissaient pas, comme bien
d'autres qui sont venues perfectionner notre langue poétique ? Est-ce ignorance de cette règle ? Tout ce que
nous pouvons dire, c'est que l'œuvre, implacablement
condamnée pour une faute facile à éviter, a des qualités
maîtresses dont nous aurions voulu tenir compte.
Puisse l'auteur de l'ode présentée sous l'épigraphe *Do-*

mine, tu exurgens misereberis Sion, nous revenir dans d'autres luttes, après avoir acquis le peu, mais l'indispensable, qui lui manque.

Cette part étant faite à de louables mais infructueux efforts, nous arrivons aux œuvres qui constituent les beaux résultats du concours.

L'ode qui porte l'épigraphe *Crux de Cruce* n'est pas exempte de défauts. Des rimes faibles, deux ou trois passages obscurs, quelques expressions d'un goût douteux, voilà ce qu'on peut lui reprocher. Mais les idées sont belles et en général bien rendues, le vers est solidement construit, la strophe est harmonieuse et forte et, d'un bout à l'autre, on sent vibrer ce je ne sais quoi d'original et de puissant qui fait concevoir les plus belles espérances. C'est la jeunesse encore, avec l'inexpérience des débuts ; mais c'est aussi déjà le commencement d'une virilité dont les premiers essais laissent bien loin derrière eux les productions funambulesques des poëtes païens d'aujourd'hui.

La pièce est courte ; nous la citerons tout entière. La voici :

Vingt siècles sont passés : ta parole féconde,
O Christ, remplit encor l'immensité du monde !
Sur son rocher battu ton Eglise est debout !
Et, lorsqu'il faut mourir, mon Dieu, pour ta victoire,
Fils de tes vieux héros, amoureux de leur gloire,
  Tes soldats se lèvent partout !

Vingt siècles sont passés, ô Christ ! A ton ouvrage
Tous ont porté leur coup ou lancé leur outrage.
L'un a frappé du glaive et l'autre du stylet !
Tous, les siècles de sang et les siècles de boue,
Ont voulu, tour à tour, imprimer sur ta joue
  Les doigts de fer du gantelet !

Nous n'avons plus besoin de la voix des prophètes !
Le nombre des combats est celui des défaites ;
Il n'est pas d'ennemis que ta main n'ait broyés !
Tu leur brisas le front sur la pierre angulaire,
Et tu leur fis, Seigneur, un immense ossuaire
      Des chemins qu'ils s'étaient frayés !

Aussi nous combattons, vêtus de ta promesse !
Vainqueurs glorifiés, vaincus dans la détresse,
D'un même espoir ardent nous nous sentons frémir !
Notre force, c'est toi ! Ton bras est notre égide,
Et, dans le sentier sombre et rude, notre guide
      C'est ton Pontife et ton martyr !

      Ton martyr ! Ah ! pauvre poëte,
      Que peut ma voix pour le chanter ?
      La poitrine est souvent muette
      Que le cœur use à palpiter.
      Une même lyre peut-elle
      Célébrer sa gloire immortelle,
      Vibrer à toutes ses douleurs,
      Aux chants d'amour, douce harmonie,
      Mêler, dans une hymne infinie,
      Le rythme saccadé des pleurs !

Sa gloire ! C'est un peuple immense qui l'acclame ;
C'est l'outrage incessant qui vient briser son âme,
Sans épuiser l'amour de ce persécuté !
C'est l'enfer épiant le trépas sur sa face...
C'est sa voix qui s'élève et jette dans l'espace
      L'indestructible vérité !

Sur l'âge nouveau tombe un reflet des vieux âges ;
Le peuple des pasteurs quitte les pâturages ;
L'homme vient révéler ce qui se passe en Dieu.
Le Concile inspiré parle au siècle superbe :
Dans le Pape est le Christ ! sa parole est le Verbe ;
      Que ce Verbe règne en tout lieu !

Cinquante ans ont passé, depuis que l'huile sainte
Sur le front de l'Evêque a laissé son empreinte;
Depuis que le Seigneur lui dit : Pais mes brebis !
Pontife universel, il vit les ans de Pierre :
Vingt siècles avant lui, l'Eglise tout entière
    A chanté le *Non videbis.*

Ta gloire, ta grandeur, ô Roi, c'est le martyre
Que ton amour créa, que ton exemple inspire.
C'est le sang de tes preux qui teignit ton drapeau !
Ce sont leurs fiers combats, leurs fières funérailles;
C'est ton nom que jetaient leurs mourantes entrailles
    Aux champs devenus leur tombeau !

    Oh ! je t'aime, ardente épopée
    Qu'écrivirent ces rudes mains !
    Dix contre mille, leur épée
    Leur ouvrait de larges chemins.
    Les défaites avaient leur gloire,
    Et, quand vint parfois la victoire
    Baiser leurs étendarts béants,
    L'Europe applaudit étonnée
    Et, rêvant, se crut ramenée
    Aux jours des Vendéens géants !

    Notre siècle a ses Macchabées !
    Des mères t'ont voué leurs fils,
    T'ont voué les larmes tombées
    Sur les corps des héros meurtris !
    Ton amour fit cette vaillance;
    Mais tu souffris de leur souffrance,
    Mais ces deuils ont brisé ton cœur !
    Si tes soldats, partis sans crainte,
    Frappés pour toi, sont morts sans plainte,
    O Père, qui sait ta douleur !

Sur tes cheveux blanchis Dieu mit une auréole;
Tes yeux ont les regards du Maître; ta parole
Est pleine de douceurs plus profondes encor.

Comme un vase embaumé, tu verses ta prière !
Monte, prédestiné, va, gravis ton Calvaire;
      Le Calvaire est près du Thabor !

Et, comme pour Jésus fit sainte Véronique,
Quand, bravant les bourreaux, douce, calme, héroïque,
Elle imprimait sa face au voile ensanglanté
Et du front du Sauveur essuyait chaque outrage,
Puissent mes vers émus refléter ton visage
      Et s'imprégner de ta beauté !

Tu passas dans l'exil; tu connus la défaite.
Pilote du vaisseau battu par la tempête,
Roi qui n'a même plus le sceptre du roseau,
Le poignard a foulé le cœur de tes fidèles;
L'étranger a flétri tes vieilles citadelles
      Du stigmate de son drapeau !

Ton calice, Dieu seul en a sondé la lie !
Dieu seul sait les combats de ton âme assaillie
Par ce flot de douleur qui ne s'épuise pas !
Ah ! puisse, puisse enfin le jour de sa justice
D'un triomphe inouï payer ton sacrifice
      Et te couronner ici-bas !

Puissent nos yeux ravis voir ton apothéose !
Puisse le monde entier, vétérans de ta cause,
Jeunes preux dont le sang aspire à s'épancher,
Ennemis dépouillés des haines séculaires,
Briser aux mains de Dieu l'arme de ses colères :
      T'aimer, te chanter, te chercher !

Te chercher ! car, debout, aux flancs des sept collines,
Du même cri d'amour déchirant nos poitrines,
Comme un tonnerre immense ébranlant la cité,
Nous t'environnerons d'une hymne triomphale,
Et nous te salûrons, Roi, dans ta capitale !
      Pontife ! dans ta liberté !

Vous le reconnaissez avec nous, Messieurs, malgré ses

inégalités, cette œuvre révèle un beau talent, et nous sommes heureux de le rencontrer chez un fils dévoué de la sainte Eglise catholique, qui ne le fera jamais servir qu'à glorifier sa Mère. L'auteur est jeune ; un long et bel avenir s'ouvre devant lui. Il se souviendra que son premier chant a été pour le Vicaire de Jésus-Christ, et qu'il a cucilli sa première palme à cet arbre divin dont les racines soutiennent le monde et dont la cime est au ciel. Il n'oubliera pas que, quand Dieu fait à une intelligence humaine des dons particuliers, il lui impose, en même temps qu'une responsabilité plus grande, le devoir d'un plus opiniâtre travail, afin qu'elle se perfectionne toujours dans la connaissance du beau, sans dévier du vrai. Nous en avons les meilleurs gages, et nous proclamons, avec bonheur, pour le *premier prix*, le nom d'un enfant de Lille, M. Maurice JASPAR, étudiant en droit à l'Université catholique.

Trois *mentions honorables*, sans ordre de classement, ont été décernées.

L'une nous a paru méritée par une ode empreinte, dans certains endroits, d'un vrai lyrisme et dont l'auteur fait facilement de bons vers. Malheureusement, à côté de beautés réelles, nous trouvons de grandes faiblesses qui devaient l'écarter du premier rang, où l'auraient appelée peut-être les strophes que vous allez entendre :

Laisse-les te nommer leur vassal ou leur maître,
Ces puissances qu'un Pape enterrera peut-être.
Que t'importe l'encens ou la pierre des rois ?
Leur majesté d'un jour, dont la tienne est la mère,
De l'inutile appui de leur sceptre éphémère
Pourrait-elle étayer ta croix ?

Laisse-les te fermer les conseils où les princes
Livrent le sang de l'homme ou le sol des provinces,
Où chacun offre à vendre une âme pour de l'or,

Toi qui n'as pas voulu jeter ton Evangile,
Comme un poids dédaigné, dans le plateau fragile,
    Où Mammon pèse son trésor !

Laisse-les mesurer ce pauvre coin de terre
Où se traîne en tremblant ton pied octogénaire,
En jetant un haillon sur ton épaule à nu !
Qu'ils ne te laissent plus, pour autel et pour chaire,
Que la borne où saint Paul, appuyé sur saint Pierre,
    Annonçait le Verbe inconnu !

Déjà le jour approche où fondra sur leurs têtes
L'édifice élevé pour protéger leurs fêtes,
Où leurs palais ceindront la couronne de feu !
Insensés, dont longtemps la sagesse grossière
A cru pouvoir, sans Dieu, tailler, comme une pierre,
    Un univers qui n'est qu'à Dieu !

Alors ils accourront, chassés par leurs esclaves,
Heurter, dans la terreur, au seuil de tes conclaves,
La tête sans couronne et les pieds déchirés,
Tirant, pour dérober leur visage livide,
Un pan de ce manteau dont leur épée avide
    A découpé les bords sacrés !

Cette ode, sous l'épigraphe « *Ecce sacerdos magnus,* » est de M. Etienne BONNEAU, au Bourgneuf-de-Chalon (Saône-et-Loire)

La devise *Corde et fide* se trouve en tête d'une pièce qui laisse beaucoup à désirer, mais dont certains passages sont remarquables. Après avoir parlé des gloires de la Rome ancienne, l'auteur montre cette gloire bien plus grande que la ville éternelle a reçue en devenant la capitale de la chrétienté. Puis, parlant des usurpations sacriléges du premier des Napoléons, il fait, en quelques strophes, un beau tableau des événements qui se passèrent alors :

Avoir, d'un seul regard, fait tomber des murailles
Assisté, le front haut, à soixante batailles
Dont les héros couchés l'acclamaient en passant;
Avoir d'un peuple, en soi, comprimé le génie,
C'était beaucoup !... mais Rome et sa force infinie,
Comme un rival jaloux, le troublait en dormant.

Souvent le conquérant comptait, farouche et sombre,
Dans son cœur inquiet, ces triomphes sans nombre,
Ces palmes que l'orgueil prend des mains de la mort;
Mais, une ombre toujours venant troubler son rêve,
On l'entendait se dire, en tourmentant son glaive,
« Il garde pour lui l'âme et me laisse le corps. »

Et l'ordre fut donné. Les légions marchèrent;
Ouvrant leurs ailes d'or, les aigles s'envolèrent
Vers ce lieu si bien fait pour leur servir de nid;
Et les bras accoudés aux bords de sa fenêtre,
L'empereur murmurait : « Enfin, c'est à ce prêtre ! »
Qui va donc l'emporter du vainqueur ou du Christ?

Insensé ! Tu voulais bannir Dieu de la terre;
Tu voulais à ton char enchaîner son Vicaire;
Tes soldats, sous ses yeux, violaient son palais !
Mais, pour un Vatican, il en trouve cent mille !...
Chaque âme de chrétien, pour lui, c'est un asile
Que la main d'un tyran ne fermera jamais.

. . . .

Il fut emprisonné dans une île brûlée !
Au sein de l'océan, l'aigle fut exilée
Et ses gémissements traversèrent les mers;
Quand le prêtre du Christ, délivré de ses chaînes,
Calme, étendait encor ses deux mains souveraines
        Au-dessus de tout l'univers !

Après le récit de plus récents forfaits, il ajoute :

Quand le grand empereur avait convoité Rome,
Pas un fils de Croisé, pas un Franc, pas un homme

N'avait osé tirer le glaive du fourreau ;
Aussi, lorsqu'on lui dit qu'il tenait sa captive,
Il n'osait proclamer sa victoire hâtive,
Sentant que de guerrier, il s'était fait bourreau !

Mais l'Europe chrétienne, à la fin, s'est levée,
Car l'âme de ses fils n'était plus entravée
Par les liens honteux des sophistes menteurs ;
Plus d'un foyer avait reçu cette lumière
Qui luit sous les toits d'or comme sous la chaumière
Et qui, mieux que l'acier, se fait jour dans les cœurs !
Une voix s'éleva !... mille voix répondirent.

. . . .

L'hymne qui suit est peu lyrique ; puis le poëte se relève encore, dans quelques strophes plus heureuses, pour terminer par un cri d'espérance d'une assez faible expression.

L'auteur est M. CHARLES MOYNE, de Puligny (Côte-d'Or).

Enfin, une mention honorable a été obtenue par la poésie présentée sous l'épigraphe « *Tribuisti ei longitudinem dierum* » et intitulée : LE RÈGNE DE PIE IX.

Comme le titre le fait pressentir, l'œuvre, quoique affectant généralement une forme lyrique, a toute l'étendue d'un poëme. On ne pourrait pas dire qu'elle vaut un bon sonnet. Cependant les idées sont élevées et il y a d'excellents passages ; malheureusement le récit est souvent prosaïque, surtout quand l'auteur abandonne l'alexandrin, dont il sait se servir, ou le vers de 8 syllabes, dont il exploite bien la cadence, pour faire de longues strophes en vers mêlés qui se soutiennent difficilement. A côté de grandes faiblesses, il y a des beautés qui justifient la mention honorable. Nous vous en montrerons deux : une description du Conclave grandiose dans son ensemble et presque irréprochable dans le détail, puis quelques strophes vraiment belles où vous verrez la souplesse du talent de l'écrivain.

Voici comment il décrit le Conclave :

> Les vieillards revêtus de la pourpre romaine
> Entrent dans la retraite, où toute voix humaine
> Se tait, pour laisser place à l'Esprit créateur
> Qui fait entendre seul son verbe inspirateur.
> Isolés, méditant dans leur cellule austère,
> Ces princes de l'Eglise, oublieux de la terre,
> Lèvent les yeux au ciel, pour y lire le nom
> De l'astre qui bientôt doit luire à l'horizon.
> Pénétrant tous les cœurs de son souffle suave,
> L'invisible Esprit-Saint plane sur le Conclave.
> Aux premiers jours du monde, où régnait le chaos,
> Ce même Esprit divin descendit sur les eaux ;
> Il prit les éléments sous son aile féconde,
> Et, donnant à chacun sa place dans le monde,
> Créa cette unité qui forme, sous nos yeux,
> De tant d'êtres divers un tout harmonieux.
> Ainsi, dans ce Conclave, il agit sur les âmes,
> Abritant les esprits sous ses ailes de flammes,
> Il unit leurs désirs et, réglant tous les choix,
> Sur un seul candidat fixe toutes les voix.
> Sur l'élu d'aujourd'hui l'accord est unanime,
> Prélude magnifique à son règne sublime !
> Urne sainte, ouvre-toi... Dites son nom béni,
> O peuples ! acclamez Mastaï Ferretti !

Voici maintenant les strophes qui saluent la proclamation du grand scrutin. Il en est peu d'aussi harmonieuses que la première.

> Sonnez, cloches harmonieuses,
> Sonnez, fanfares et clairons :
> Peuples heureux, foules pieuses,
> Mêlez vos voix à ces doux sons.

Foudres d'airain, que vos tonnerres,
Suscitant ces chants populaires,
Au loin réveillent les échos;
Et qu'à vos graves harmonies
Répondent les voix infinies
Des monts, des forêts et des flots !

Le Capitole qui sommeille.
Dans son antique majesté,
A ces mille bruits, se réveille
Et dresse son front dévasté!
Il croit entendre dans les plaines
Chanter les légions romaines
Sous leurs drapeaux victorieux,
Et le peuple, enivré de fêtes,
Allant célébrer ses conquêtes
Au temple où siégent tous les dieux.

Reprends ton sommeil séculaire,
Vieux Capitole délaissé!
Les dieux, la pompe consulaire,
Les légions, tout est passé.
Plus grand que tes héros antiques,
Le digne objet de nos cantiques,
C'est le grand Pape, le grand Roi :
C'est son doux nom qui nous inspire
Ces transports, ce pieux délire
Dont la rumeur va jusqu'à toi.

L'auteur est M. Cyprien LEMOINE, aumônier du col-
lége de Chartres.

Dans la seconde partie du concours de poésie, le
programme demandait un **Poëme** ayant au moins deux
cents vers. *44 concurrents* se sont présentés, et les
œuvres, en général, sont inférieures aux poésies lyriques.

Si un certain nombre ont pu être distinguées et arrêter, quelque temps, l'attention des juges, une seule a paru mériter une récompense. Mais elle l'a gagnée de haute lutte, et ici, comme dans l'ode *Crux de Cruce*, nous sommes heureux de rencontrer encore un vrai talent poétique. Le poëme porte une devise tirée d'Horace : « *Fortes nascuntur fortibus et bonis* » Il est intitulé : « *La Porta Pia. Récit d'un zouave pontifical.* » Le style, à part quelques faiblesses, est naturel et grand; l'exposition, simple et saisissante; le récit, imagé, trahit rarement la recherche et il se plie avec aisance à toutes les exigences du sujet, tantôt grave et douloureusement ému, dans les scènes où apparaît et parle le Pontife à qui l'on fait violence, tantôt vif et animé, comme la bataille même, quand il décrit la lutte contre l'envahisseur. Il y a, dans presque tout ce poëme, une beauté calme et forte, que l'on sent être l'expression d'une foi profonde et d'un amour capable des derniers sacrifices. Il faudrait tout vous lire, car, lorsqu'en préparant ce rapport, nous cherchions quels extraits pourraient vous être communiqués, nous sentions reculer toujours le crayon qui devait limiter les passages. Il faut nous borner, cependant, et ne pas abuser même des charmantes choses qui nous sont offertes.

Le poëte commence ainsi :

Ce fut un triste jour, et j'en ai conservé
Au cœur le souvenir profondément gravé.

C'était le vingt septembre, et nous étions dix mille !
Depuis trois jours, le bruit circulait dans la ville
Que l'ennemi voulait tenter un coup de main
Et qu'on avait fixé l'attaque au lendemain.
La population attendait, inquiète,
Et la stupeur était générale et muette.

Quand le soleil levant, du haut des monts lointains,
Inonda de flots d'or les villages latins,
— D'un sourire encadrant les pleurs de la journée —
La diane, depuis une heure, était sonnée,
Et l'oiseau commençait un matinal refrain
Qu'achèvera la voix brutale de l'airain!

Les ennemis arrivent ; leur marche est bien décrite ;
puis nous sommes transportés près des zouaves qui se
préparent à combattre, et, ici, se place un morceau qui
est peut-être le plus beau de la pièce :

Or, nous étions campés sur cette immense place
Où Saint-Jean-de-Latran se dresse dans l'espace.
Près du parvis de marbre et sous les pavillons
Kanzler a fait ranger nos faibles bataillons.
Nous attendons. — Avant la fatale journée,
Couvrant de ses deux mains notre tête inclinée,
Le vieillard dont les doigts ne savent que bénir,
Dans un suprême adieu voulait nous réunir.
Il était là, non loin, priant, rempli d'alarmes,
Courbé sur ses genoux et baisant avec larmes
L'escalier rouge encor du sang de Jésus-Christ,
Ce père qu'on bafoue et ce roi qu'on proscrit.
Il s'avance — un long cri l'accueille — il est si calme
Qu'on dirait un martyr prêt à cueillir la palme,
Et son œil paternel a des regards si bons
Que, d'un seul mouvement, à ses pieds nous tombons.
« Mes enfants, nous dit-il, l'heure est grave! on assiége,
» Jusque dans son dernier refuge, le Saint-Siége.
» Si votre sang pouvait le sauver, je dirais :
» Mourez tous sur la brèche, — et tous vous seriez prêts.
» Mais non, Dieu nous éprouve; à cette heure où nous
                                                    [sommes,
» Notre salut dépend plus de lui que des hommes,
» Et je serais coupable au Tribunal divin,
» Si je vous demandais un sacrifice vain,
» Il suffit que l'histoire apprenne et qu'on y lise

» Qu'un prince catholique a violé l'Eglise.
» Tant que le vieux rempart demeurera debout,
» Vous lutterez; s'il tombe, eh bien! ce sera tout.
Et, comme on murmurait, il dit : « Dieu vous pardonne!
» C'est moi qui le demande, et, s'il faut, qui l'ordonne! »
Et puis il nous bénit. — Tous, en nous relevant,
Nous avions dix fois plus de cœur qu'auparavant,
Et soudain s'échappa de nos lèvres en flamme
Un vivat filial qui jaillissait de l'âme.

Mais le drame suit son cours et l'action va s'engager.
Ecoutez ces épisodes :

Il est, non loin des murs, sur le bord de la route,
Une villa riante et qui disparaît toute
Sous des ombrages frais, dont les mouvants berceaux
S'unissent mollement au-dessus des ruisseaux;
Elle a nom Patrizzi — derrière ses murailles
On peut braver longtemps fusillade et mitrailles;
C'est pourquoi, sous l'abri de ses grands citronniers,
Elle a donné refuge à nos carabiniers.
Ils attendent, couchés dans l'herbe épaisse et haute,
Les soldats piémontais qui descendent la côte.
Plus le pas retentit sur le sol inquiet,
Plus le calme est profond, le silence muet.
Il se cache pourtant sous ces voûtes de marbres,
Le doigt sur la détente, autant d'hommes que d'arbres.
Encore deux cents pas.... encore cent ... Soudain
Un vif crépitement ébranle le jardin,
Et sous un flot d'éclairs la colonne surprise
Voit voler en lambeaux son front que le plomb brise;
Puis plus rien. . Dans nos rangs par ce coup ranimés,
Les braves tirailleurs sont déjà renfermés.
Cadorna, que ce choc énergique exaspère,
Parcourt ses rangs blessés, comme un loup son repaire,
Il exhorte, il promet, jurant comme un païen ;
A notre petit nombre il compare le sien

Et, serment trop fidèle, à sa bande servile
Offre trois jours entiers pour le sac de la ville !

Las d'attendre pourtant, du haut des vieux remparts,
A l'ombre de la croix et de nos étendards,
Nous avons entonné ce bel hymne sonore
Qu'un Français, sous ses doigts, un jour sentit éclore;
Et nous le leur jetions, dans de joyeux défis,
Fiers de celui qu'il chante et d'en être les fils.
Sans souci de la mort prête et presque certaine,
Nous écoutions l'écho de leur rumeur lointaine
Et toujours pour réponse on leur donnait ce nom !
Mais, hélas ! nous avions compté sans le canon.

Après avoir parlé, en quelques beaux vers, de cette
attaque d'artillerie, le poëte continue ainsi :

Cependant, à travers ces spectacles farouches,
Le chant monte toujours de nos cœurs à nos bouches,
Et chaque nouveau coup, funèbre interrupteur,
En frappant un soldat, nous emporte un chanteur.

Ames des vieux chrétiens, frères des catacombes,
Comme vous avez dû tressaillir dans vos tombes,
Comme vous avez dû jeter un fier coup d'œil
Sur ce jour à la fois d'espérance et de deuil !
C'étaient bien là vos fils, n'est-ce pas ?... ces fronts graves
Portaient bien le cachet des chrétiens et des braves,
Et vous avez pensé, dans votre paradis :
C'est avec ce cœur là que nous mourions jadis !

Notre voix affaiblie est maintenant couverte.
A la brèche... En effet la brèche était ouverte.
Voici que l'ennemi s'approche, gravissant
Le sentier qu'à mesure il tache de son sang.
Plus d'un Français, avec une joie indiscrète,
Au bout de son fusil fixe sa baïonnette;
Chacun, du mieux qu'il peut, se poste... et l'on attend.

Mais quel est donc là-bas ce blanc drapeau flottant ?
Voyez : un officier de la ville l'apporte,
Il l'agite, il l'attache au fronton de la porte.
Cessez le feu !... ce cri, ce cri fatal, hélas !
Vole de rang en rang, comme un funèbre glas.
Cessez le feu ! Comment ! Cesser le feu !... la brèche
Ouvre à peine et l'ardeur est encor toute fraîche ;
A peine avons-nous eu le temps de commencer
Et voilà que déjà l'on parle de cesser !

La lutte continue néanmoins. Ce sera bientôt le combat
corps à corps, quand enfin les ordres sont compris.

C'en est fait ! Tu peux monter, pillard !
Avant que la première ardeur soit assouvie,
S'arrêter, c'est plus dur que de donner sa vie ;
Mais le Pape implorant devant nous s'est dressé :
Plus de sang, a-t-il dit, et la lutte a cessé.
Ah ! j'en ai vu plus d'un, les regards pleins de larmes,
Sur la terre briser, avec rage, ses armes ;
J'en ai vu relever leur fusil, en pleurant,
Et venir, le front bas, se remettre à leur rang.
Le clairon entonna la fanfare dernière ;
Le canon s'éteignit... Rome était prisonnière.
Afin que, pour jamais, il fut enseveli,
Je voudrais sur ce jour tendre un voile d'oubli.
Ecoutez !... au moment où — trop bien entendue —
La trompette annonça que Rome était rendue,
Sur les murs désarmés, quand, les canons éteints
Etouffant tour à tour leurs grondements lointains,
Nous mîmes au fourreau notre épée indignée
Dont nos doigts convulsifs tourmentaient la poignée ;
Quand, par l'ordre du Pape — il le voulut ainsi —
Nous fûmes devant eux, livrés à leur merci,
Ils passèrent la brèche et, l'insulte à la bouche,
Déchargèrent sur nous leur dernière cartouche.
On jeta, devant nous qui, sans y rien pouvoir,

Forcés de tout entendre et forcés de tout voir,
Etions là, l'arme au bras, à frémir et nous taire,
On jeta de cheval nos officiers par terre,
Et l'on nous appela des lâches !... Oh ! Dieu sait
Dans nos cœurs à l'étroit tout ce qui se passait.
En nous voyant offerts à leurs coups sans défense
Ils vinrent, non contents de nous jeter l'offense,
Et de nous prodiguer leur cynisme hideux...,
Ils tirèrent sur nous et j'en vis tomber deux.
Puis ce fut le pillage et cette bande vile,
Pendant deux jours entiers, erra, souillant la ville,
Flétrissant, au contact de leurs impures mains,
Romains dégénérés, l'ombre des grands Romains ;
Et, partout où rampaient leurs têtes infernales,
Ne semant après eux qu'horreur et saturnales !

Enfin, le dénouement arrive :

Nous vînmes, le front bas, des larmes dans les yeux,
Porter au Pape-Roi nos suprêmes adieux.
Son visage parut si pâle, à la fenêtre,
Qu'à peine pûmes-nous d'abord le reconnaître
Et qu'un silence plein d'angoisse l'accueillit ;
Mais ce fut court ; le Pape, en nous voyant, pâlit ;
Puis, se levant, il laisse errer sur son front blême,
Un rayon qui semblait dire : « Je sais qu'on m'aime, »
Et ce reflet tombait si profond et si doux
Qu'on eût dit que du ciel il descendait sur nous.
Il nous bénit encore... et nous nous relevâmes,
Des pleurs dans les regards, mais le ciel dans les âmes ;
Et nos cœurs, cette fois, s'épanchèrent à flots,
Car notre voix était humide de sanglots.
Mais le Pape est brisé... sa force enfin le laisse
Et quelques bras amis soutiennent sa faiblesse.
Sa lèvre s'agita pour parler... ce mot-là,
Il ne put l'achever et son œil seul parla ;
Mais ce regard, bien mieux que des paroles vaines,

Refoula, jusqu'au cœur, tout le sang de nos veines.
Une salve, en partant, tel fut notre humble adieu,
Et, la mort dans le cœur, nous quittâmes ce lieu.

L'auteur aurait pu s'arrêter là ; mais il a craint, sans
doute, de n'avoir pas assez fait, quoiqu'il eût déjà dé-
passé de beaucoup le nombre de vers exigé, et d'avoir
trop restreint son sujet. Il n'en était rien, cependant, et
le résumé de la vie de Pie IX, qui termine son œuvre,
n'a pas ajouté à sa valeur. Il nous avait montré le Souverain-Pontife, dans sa bonté, dans sa majesté, dans le
moment le plus douloureux peut-être de sa vie. Il nous
avait fait assister aux dernières luttes des zouaves pon-
tificaux, de ces hommes héroïques qui, après avoir remis
leur épée au fourreau, continuent, par le monde, un
autre glorieux combat, celui de la doctrine et des œuvres.
Il avait chanté ces vaillants parmi les vaillants qui, pleins
d'une espérance invincible, attendent, en travaillant toujours, l'heure marquée par le Ciel, sachant que cette
heure sonnera, que le règne des méchants est court et
que l'Eglise de Dieu, fécondée par le sang de leurs frères
d'armes, peut encore prier sur la tombe de bien des per-
sécuteurs. Avoir fait apparaître ainsi, d'une part, la plus
auguste personnification de la douleur et, de l'autre, le
plus grand exemple de l'abnégation et du dévouement,
l'avoir fait en des vers comme ceux que vous venez
d'applaudir, c'est avoir largement et magistralement
rempli le programme du concours. Aussi un *premier prix*
a-t-il été unanimement décerné à M. Louis LE LASSEUR
DE RANSAY, étudiant de l'Université catholique d'Angers.

Aucun autre poëme n'a paru mériter une mention.

En entendant proclamer le lauréat dont nous venons
de parler et en vous rappelant l'auteur de l'ode couronnée tout à l'heure, vous n'avez pas échappé sans doute

à l'émotion que nous avons éprouvée nous-mêmes en lisant leurs noms. C'est avec une légitime fierté que nous avons prononcé le premier, puisqu'il appartient à un enfant de Lille ; mais c'est aussi avec un sentiment de bonheur et de reconnaissance envers Dieu que nous avons vu d'où nous venait le second.

L'Université catholique d'Angers et l'Université catholique de Lille se rencontrent aujourd'hui, au commencement de leur carrière, et associent, dans un même but, les succès de leurs fils. Il semble que ces deux sœurs, nées, presque en même temps, d'une parole de Pie IX, il semble que ces deux mères, qui sont l'objet de ses bénédictions privilégiées, aient eu la commune pensée d'offrir, en ce jour, à Celui dont elles reçoivent la vie les prémices de leur fécondité. Puissent-elles grandir, unies et fortes, pour la défense de la vérité non pas amoindrie et rabaissée au niveau de nos défaillances, mais entière et telle que la proclame le Vicaire de Jésus-Christ ! Puissent les tempêtes, qui remueront peut-être le sol de la patrie, n'être pour elles que de vivifiantes épreuves ! Puissent enfin ses fils nombreux, marchant sur les traces de ceux dont nous saluons aujourd'hui les triomphes, être partout les premiers dans les nobles travaux de l'esprit, afin d'être partout les plus utiles à la cause de Dieu !

Le programme disait que la langue française était de rigueur; cependant il nous est venu un grand nombre de *pièces en latin et en italien.* Pour rester fidèles aux conditions imposées, nous les avons laissées en dehors du concours, nous réservant cependant de les examiner et d'en faire mention, s'il y avait lieu, pour ne pas dédaigner ces voix amies d'autant plus chères qu'elles parlaient la langue du Chef de l'Eglise. Plusieurs de ces pièces étaient remarquables ; mais il en est deux du même auteur et présentées sous la même devise qui se distinguent entre toutes les autres. L'une est en italien et a pour titre : « *Pie IX et les pèlerins dans les loges de Raphaël.* » Elle est d'une beauté de formes vraiment classique, et l'on y reconnaît un maître qui a longtemps vécu dans le commerce de Dante et de Pétrarque. La composition en est originale et intéressante, et l'auteur, qui a fort heureusement mis en scène ce Raphaël dont la gloire est si pleinement pontificale, se montre à la fois poëte et artiste. Il a fait une œuvre du plus grand mérite.

L'autre est un poëme latin. La scène se passe au Vatican. Elle s'ouvre, au musée de sculpture, par une sorte de méditation sur Pie IX et sur le mouvement qui entraîne vers lui les pèlerins. La religion apparaît ensuite au poëte et, l'entraînant, à travers le palais, jusqu'aux grandes fresques de Raphaël, lui montre, en chacune d'elles, la preuve et l'exemple de l'immortelle vitalité et du triomphe définitif de l'Eglise. Ce poëme, dit le membre du jury qui en a fait spécialement l'examen, est plein d'éclat et de charme. Il est écrit d'une plume d'où la poésie latine découle comme une poésie maternelle.

En présence d'œuvres de cette valeur, la Commission du concours a demandé au Comité catholique de permettre une dérogation exceptionnelle aux conditions du programme, et elle a été autorisée à donner une *mention honorable*, avec récompense, à M. FRANCESCO MASSI, professeur d'éloquence à Rome.

Il nous reste à vous parler, Messieurs, du **CONCOURS DE MUSIQUE.** L'analyse en sera moins étendue que celle des poésies, car les citations ne sont pas possibles, et nous devons vous faire attendre le jour de l'exécution publique des principales œuvres pour vous donner une idée complète de leur valeur.

Ce que nous voulons nous hâter de dire, c'est que le concours a été des plus remarquables. Après l'élimination de trois partitions, qui ne satisfaisaient pas aux conditions réglementaires, *trente-six* restèrent soumises à l'examen du jury qui a pu en retenir immédiatement *vingt-quatre* comme présentant des qualités sérieuses. *Douze* ont ensuite été considérées comme pouvant entrer en ligne, et *huit* ont obtenu des récompenses.

La Cantate qui porte la devise : « *Laus ejus in ore meo,* » a réuni l'unanimité des votes pour le *premier prix.*

Cette partition se fait remarquer par un style parfaitement approprié au caractère spécial que comportent les œuvres religieuses qui ne sont pas destinées aux cérémonies du culte. Le genre en est essentiellement vocal. La mélodie, qui s'appuie principalement sur les voix, est écrite avec une grande distinction et correspond toujours au sentiment des paroles. Les timbres divers des parties chantantes sont harmonieusement combinés dans les morceaux d'ensemble. Un bel accompagnement symphonique soutient les voix et en fait ressortir les effets, sans jamais prétendre les dominer ou les subordonner à la sonorité des instruments.

Tels sont effectivement les éléments du vrai style religieux qui consiste, avant tout, dans le juste rapport des paroles sacrées avec le chant et qui se fonde principalement sur l'impression particulière que font naître les accents de la voix humaine, le premier des instruments et celui qui atteint le mieux le cœur de l'homme.

L'introduction symphonique, traitée avec art, se compose de deux parties. Dans la première, intitulée : « Loin du Vatican, jours de tristesse », le compositeur

fait entendre comme un écho des plaintes des fidèles.
Dans la seconde, il transporte l'auditeur dans le palais
du Vatican, au moment du Jubilé pontifical. La sympho-
nie, d'un caractère vigoureux, est basée sur le chant
d'une des strophes du « *Te Deum* », et l'auteur intro-
duit, avec beaucoup d'à-propos, les premières mesures
d'une mélodie qu'on exécute, pendant l'élévation, à la
messe célébrée par le Souverain-Pontife, dans l'église
de Saint-Pierre.

La cantate proprement dite débute par un chœur
sans accompagnement. Les instruments de l'orchestre
viennent se joindre successivement au choral, qui se
termine par la strophe : « Quel Pape eut jamais tant de
gloire? ». Cet ensemble est d'un magnifique effet. La
strophe suivante est traitée en duo, pour tenor et bary-
ton. L'agencement des voix en est très-heureux et s'as-
socie parfaitement au sentiment exprimé par la poésie.

Vient ensuite un chœur brillant sur la strophe « Quel
roi serait plus grand? »

Le solo de tenor qui forme le quatrième morceau est
plein de charme et d'onction. C'est un des passages les
mieux inspirés de la partition. Enfin, l'œuvre se termine
par un chœur général d'un caractère grandiose, sur la
strophe finale. Par une inspiration des plus heureuses,
les dernières mesures de l'orchestre font entendre la
marche pontificale que l'on exécute à Rome, quand apparaît le Saint-Père.

Comme on le voit par cette courte analyse, l'ensemble
de la cantate couronnée, en présentant successivement
des passages d'un caractère varié, évite la monotonie,
écueil du genre religieux pour ceux qui oublient que
la force est aussi une vertu.

L'auteur de cette composition magistrale est M. LUIGI
MORONI, compositeur Romain, maître de chapelle du
prince Borghèse. Nous regrettons de ne pas le voir au-

jourd'hui parmi nous ; mais il y viendra, dans quelques
jours, et assistera, le dimanche, 9 décembre, dans l'église
de Notre-Dame-de-la-Treille, à l'exécution de son œuvre
qu'interprétera la Société des Orphéonistes Lillois, aidée
d'un puissant orchestre. Nous espérons qu'il pourra nous
arriver assez tôt pour faire profiter de sa présence nos
sympathiques chanteurs et joindre à la direction si sûre
de leur chef les conseils qui révèlent jusqu'aux moindres
nuances de la pensée du maître. Vous êtes conviés,
Mesdames, Messieurs, à cette fête de l'art, dont la piété
ne sera pas absente, et où vous mêlerez quelquefois,
pour Pie IX, à l'harmonieuse prière de l'artiste Romain
la filiale prière de votre cœur catholique.

Le *second prix* a été partagé entre la cantate qui a
pour épigraphe : *Portæ inferi non prævalebunt*, et celle
qui porte la devise : *Te Deum laudamus*.

Les deux partitions ont, entre elles, cette analogie,
que le genre symphonique y est prédominant. La première développe un motif qui sert de thème à l'œuvre
entière et qui est successivement présenté, sous diffé-
rentes formes, avec beaucoup d'habileté. L'instrumentation est très riche, avec une certaine recherche des
modulations et de la couleur excessive, et les voix, trop
subordonnées, sont, d'ailleurs, bien écrites. M. LABORY,
chef de la musique des carabiniers du roi des Belges,
est l'auteur de cette cantate. C'est la seconde fois que
nous saluons ses succès dans nos concours. Nous le
félicitons de cette fidélité aux inspirations religieuses et
lui souhaitons de conquérir le premier rang dans les
luttes que nous ouvrirons encore.

La partition qui a partagé le second prix avec la pré-
cédente est également remarquable et peut-être supé-
rieure, au point de vue purement symphonique. Mais

la partie vocale est encore plus rejetée au second plan, et la prosodie même a été quelquefois sacrifiée à l'effet.

L'auteur est M. KOSZUL, professeur de musique à Roubaix.

La *première mention* a été décernée à la cantate *Laudate eum in tympano et choro*, bien que la première partie ne soit pas au niveau de la seconde. Malgré cette inégalité, c'est incontestablement l'œuvre d'un bon musicien.

L'auteur est M. Eugène ANTOINE, compositeur de musique, à Tilleur (Belgique).

Le jury a cru devoir accorder ensuite des *mentions à quatre autres cantates*.

Celle qui porte la devise: Και εμβαντων αυτων εις το πλοιον, εκοπασεν ο ανεμος, *et quand ils furent montés sur la barque, le vent s'éleva* » est écrite à deux chœurs, dans un style pur, vocal et mélodique, avec beaucoup de sentiment et une prosodie très-exacte. Elle laisse toutefois désirer plus de variété et une instrumentation plus colorée.

L'auteur demande que son nom ne soit point proclamé.

Dans la partition : « *Domine, salvum fac Papam* », le compositeur, ainsi qu'il l'indique par une note, a voulu exprimer le sentiment des fidèles qui adressent au Ciel leurs vœux fervents pour le Saint-Père. Le plain-chant du *Domine, salvum fac*, est ramené plusieurs fois, par l'orchestre, dans les intervalles des strophes, avec lesquelles il s'allie très-heureusement. Cependant, les proportions de cette œuvre ont paru trop restreintes comparativement à l'importance du sujet.

La partition « *Sub tuum præsidium confugimus* », par

ses qualités vocales et instrumentales, a mérité une mention.

Les auteurs de ces deux œuvres désirent aussi ne pas être connus.

Enfin, une mention a été accordée à la cantate : « *Pius IX, prædicator veritatis* ». Cette cantate, dont les motifs sont empruntés aux plain-chants « *Tu es pastor ovium* » et « *Tu es Petrus* », constitue une tentative ingénieuse de l'association du style liturgique avec le style libre, mais dont la réalisation, il faut bien le reconnaître, est difficile à atteindre.

L'auteur est M. Jean CARRERAS, professeur de musique, à Pons (Charente-Inférieure).

Messieurs, permettez-nous, en terminant, de nous poser, devant vous, ces deux questions : Quel but poursuivons-nous par ces concours inaugurés en 1874, et, ce but étant donné, espérons-nous l'atteindre?

Il y a d'abord, nous l'avons dit en commençant, un but accidentel, celui de faire servir les plus nobles et les plus belles expressions de la pensée humaine à célébrer les solennelles circonstances que la divine Providence ménage au peuple chrétien, pour la glorification de l'Eglise et l'épanouissement des âmes.

Il y a, en outre, un but permanent, celui de dire à tous ceux qui ont des aspirations vers le beau, à tous ceux qui se sentent la vocation de la poésie ou des arts :

Vous cherchez votre voie ; vous vous demandez à quel objet, qui satisfasse, en même temps, votre intelligence et votre cœur, vous appliquerez les dons éminents que le Ciel vous a départis. Ah ! nous vous en supplions, ne matérialisez pas votre talent ! Ne placez pas votre idéal en dehors de Dieu de qui vous tenez tout, de Dieu, dans les innombrables manifestations de sa puissance et de sa grâce, de Dieu dans son Christ, dans l'Eglise, dans la patrie, dans le foyer chrétien, dans les nobles combats et dans les héroïques sacrifices, dans les grands cieux étincelants et dans l'ombre féconde des vallées, dans la généreuse opulence du riche et dans la sainte humilité du pauvre. Ailleurs, peut-être, vous trouverez des beautés prestigieuses, des gloires lucratives et d'énivrantes séductions. Mais c'est seulement à cette source sacrée que vous puiserez des inspirations capables de vous faire produire des œuvres vraiment dignes d'admiration et de durée. Ne croyez pas surtout que la religion catholique comprime vos âmes et brise leur élan. Elle aime les arts et les sanctifie. Elle aime la poésie et ne se contente pas

> De garder ses beaux pieds des atteintes trop rudes,
> Dont la terre eût blessé leur chaste nudité.

Elle veille sur elle, comme l'ange qui protégeait de sa céleste égide la vierge illustre et sainte dont nous célébrons aujourd'hui la fête, quand on voulait l'unir au sectateur des faux dieux.

Et notre but, l'atteindrons-nous ? Notre voix sera-t-elle entendue ?

Ne pourrions-nous pas l'espérer, Messieurs, après avoir vu les résultats déjà si remarquables des concours de 1874 et ceux des concours de 1877 qui les dépassent de beaucoup ? Nous osons le croire, et nous pensons que, secondant, dans une humble mesure, le travail de régénération de l'Université catholique, dans laquelle les lettres sont enseignées avec tant de distinction et qui aura, sans doute, un jour, sa Faculté des Beaux-Arts, nous pourrons contribuer un peu à restaurer toutes choses en Jésus-Christ, INSTAURARE OMNIA IN CHRISTO !

Lille, imp. Lefebvre-Ducrocq.

www.ingramcontent.com/pod-product-compliance
Lightning Source LLC
Chambersburg PA
CBHW070753210326
41520CB00016B/4676